www.ingramcontent.com/pod-product-compliance
Lightning Source LLC
Chambersburg PA
CBHW070432220526
45466CB00004B/1637
9781670745828